APPUNTI

SITO WEB	
NOME UTENTE	
PASSWORD	
PIN/SUGGERIMENTO	
ALTRO	

SITO WEB	
NOME UTENTE	
PASSWORD	
PIN/SUGGERIMENTO	
ALTRO	

SITO WEB	
NOME UTENTE	
PASSWORD	
PIN/SUGGERIMENTO	
ALTRO	

SITO WEB	
NOME UTENTE	
PASSWORD	
PIN/SUGGERIMENTO	
ALTRO	

SITO WEB	
NOME UTENTE	
PASSWORD	
PIN/SUGGERIMENTO	
ALTRO	

SITO WEB	
NOME UTENTE	
PASSWORD	
PIN/SUGGERIMENTO	
ALTRO	

SITO WEB	
NOME UTENTE	
PASSWORD	
PIN/SUGGERIMENTO	
ALTRO	

SITO WEB	
NOME UTENTE	
PASSWORD	
PIN/SUGGERIMENTO	
ALTRO	

A
B
C
D
E
F
G
H
I
J
K
L
M
N
O
P
Q
R
S
T
U
V
W
X
Y
Z

SITO WEB	
NOME UTENTE	
PASSWORD	
PIN/SUGGERIMENTO	
ALTRO	

SITO WEB	
NOME UTENTE	
PASSWORD	
PIN/SUGGERIMENTO	
ALTRO	

SITO WEB	
NOME UTENTE	
PASSWORD	
PIN/SUGGERIMENTO	
ALTRO	

SITO WEB	
NOME UTENTE	
PASSWORD	
PIN/SUGGERIMENTO	
ALTRO	

SITO WEB	
NOME UTENTE	
PASSWORD	
PIN/SUGGERIMENTO	
ALTRO	

SITO WEB	
NOME UTENTE	
PASSWORD	
PIN/SUGGERIMENTO	
ALTRO	

SITO WEB	
NOME UTENTE	
PASSWORD	
PIN/SUGGERIMENTO	
ALTRO	

SITO WEB	
NOME UTENTE	
PASSWORD	
PIN/SUGGERIMENTO	
ALTRO	

A
B
C
D
E
F
G
H
I
J
K
L
M
N
O
P
Q
R
S
T
U
V
W
X
Y
Z

SITO WEB	
NOME UTENTE	
PASSWORD	
PIN/SUGGERIMENTO	
ALTRO	

SITO WEB	
NOME UTENTE	
PASSWORD	
PIN/SUGGERIMENTO	
ALTRO	

SITO WEB	
NOME UTENTE	
PASSWORD	
PIN/SUGGERIMENTO	
ALTRO	

SITO WEB	
NOME UTENTE	
PASSWORD	
PIN/SUGGERIMENTO	
ALTRO	

SITO WEB	
NOME UTENTE	
PASSWORD	
PIN/SUGGERIMENTO	
ALTRO	

SITO WEB	
NOME UTENTE	
PASSWORD	
PIN/SUGGERIMENTO	
ALTRO	

SITO WEB	
NOME UTENTE	
PASSWORD	
PIN/SUGGERIMENTO	
ALTRO	

SITO WEB	
NOME UTENTE	
PASSWORD	
PIN/SUGGERIMENTO	
ALTRO	

A
B
C
D
E
F
G
H
I
J
K
L
M
N
O
P
Q
R
S
T
U
V
W
X
Y
Z

SITO WEB	
NOME UTENTE	
PASSWORD	
PIN/SUGGERIMENTO	
ALTRO	

SITO WEB	
NOME UTENTE	
PASSWORD	
PIN/SUGGERIMENTO	
ALTRO	

SITO WEB	
NOME UTENTE	
PASSWORD	
PIN/SUGGERIMENTO	
ALTRO	

SITO WEB	
NOME UTENTE	
PASSWORD	
PIN/SUGGERIMENTO	
ALTRO	

SITO WEB	
NOME UTENTE	
PASSWORD	
PIN/SUGGERIMENTO	
ALTRO	

SITO WEB	
NOME UTENTE	
PASSWORD	
PIN/SUGGERIMENTO	
ALTRO	

SITO WEB	
NOME UTENTE	
PASSWORD	
PIN/SUGGERIMENTO	
ALTRO	

SITO WEB	
NOME UTENTE	
PASSWORD	
PIN/SUGGERIMENTO	
ALTRO	

A B C D E F G H I J K L M N O P Q R S T U V W X Y Z

SITO WEB	
NOME UTENTE	
PASSWORD	
PIN/SUGGERIMENTO	
ALTRO	

SITO WEB	
NOME UTENTE	
PASSWORD	
PIN/SUGGERIMENTO	
ALTRO	

SITO WEB	
NOME UTENTE	
PASSWORD	
PIN/SUGGERIMENTO	
ALTRO	

SITO WEB	
NOME UTENTE	
PASSWORD	
PIN/SUGGERIMENTO	
ALTRO	

SITO WEB	
NOME UTENTE	
PASSWORD	
PIN/SUGGERIMENTO	
ALTRO	

SITO WEB	
NOME UTENTE	
PASSWORD	
PIN/SUGGERIMENTO	
ALTRO	

SITO WEB	
NOME UTENTE	
PASSWORD	
PIN/SUGGERIMENTO	
ALTRO	

SITO WEB	
NOME UTENTE	
PASSWORD	
PIN/SUGGERIMENTO	
ALTRO	

SITO WEB	
NOME UTENTE	
PASSWORD	
PIN/SUGGERIMENTO	
ALTRO	

SITO WEB	
NOME UTENTE	
PASSWORD	
PIN/SUGGERIMENTO	
ALTRO	

SITO WEB	
NOME UTENTE	
PASSWORD	
PIN/SUGGERIMENTO	
ALTRO	

SITO WEB	
NOME UTENTE	
PASSWORD	
PIN/SUGGERIMENTO	
ALTRO	

SITO WEB	
NOME UTENTE	
PASSWORD	
PIN/SUGGERIMENTO	
ALTRO	

SITO WEB	
NOME UTENTE	
PASSWORD	
PIN/SUGGERIMENTO	
ALTRO	

SITO WEB	
NOME UTENTE	
PASSWORD	
PIN/SUGGERIMENTO	
ALTRO	

SITO WEB	
NOME UTENTE	
PASSWORD	
PIN/SUGGERIMENTO	
ALTRO	

A B C D E F G H I J K L M N O P Q R S T U V W X Y Z

SITO WEB	
NOME UTENTE	
PASSWORD	
PIN/SUGGERIMENTO	
ALTRO	

SITO WEB	
NOME UTENTE	
PASSWORD	
PIN/SUGGERIMENTO	
ALTRO	

SITO WEB	
NOME UTENTE	
PASSWORD	
PIN/SUGGERIMENTO	
ALTRO	

SITO WEB	
NOME UTENTE	
PASSWORD	
PIN/SUGGERIMENTO	
ALTRO	

SITO WEB	
NOME UTENTE	
PASSWORD	
PIN/SUGGERIMENTO	
ALTRO	

SITO WEB	
NOME UTENTE	
PASSWORD	
PIN/SUGGERIMENTO	
ALTRO	

SITO WEB	
NOME UTENTE	
PASSWORD	
PIN/SUGGERIMENTO	
ALTRO	

SITO WEB	
NOME UTENTE	
PASSWORD	
PIN/SUGGERIMENTO	
ALTRO	

A
B
C
D
E
F
G
H
I
J
K
L
M
N
O
P
Q
R
S
T
U
V
W
X
Y
Z

SITO WEB	
NOME UTENTE	
PASSWORD	
PIN/SUGGERIMENTO	
ALTRO	

SITO WEB	
NOME UTENTE	
PASSWORD	
PIN/SUGGERIMENTO	
ALTRO	

SITO WEB	
NOME UTENTE	
PASSWORD	
PIN/SUGGERIMENTO	
ALTRO	

SITO WEB	
NOME UTENTE	
PASSWORD	
PIN/SUGGERIMENTO	
ALTRO	

SITO WEB	
NOME UTENTE	
PASSWORD	
PIN/SUGGERIMENTO	
ALTRO	

SITO WEB	
NOME UTENTE	
PASSWORD	
PIN/SUGGERIMENTO	
ALTRO	

SITO WEB	
NOME UTENTE	
PASSWORD	
PIN/SUGGERIMENTO	
ALTRO	

SITO WEB	
NOME UTENTE	
PASSWORD	
PIN/SUGGERIMENTO	
ALTRO	

A B C D E F G H I J K L M N O P Q R S T U V W X Y Z

SITO WEB	
NOME UTENTE	
PASSWORD	
PIN/SUGGERIMENTO	
ALTRO	

SITO WEB	
NOME UTENTE	
PASSWORD	
PIN/SUGGERIMENTO	
ALTRO	

SITO WEB	
NOME UTENTE	
PASSWORD	
PIN/SUGGERIMENTO	
ALTRO	

SITO WEB	
NOME UTENTE	
PASSWORD	
PIN/SUGGERIMENTO	
ALTRO	

SITO WEB	
NOME UTENTE	
PASSWORD	
PIN/SUGGERIMENTO	
ALTRO	

SITO WEB	
NOME UTENTE	
PASSWORD	
PIN/SUGGERIMENTO	
ALTRO	

SITO WEB	
NOME UTENTE	
PASSWORD	
PIN/SUGGERIMENTO	
ALTRO	

SITO WEB	
NOME UTENTE	
PASSWORD	
PIN/SUGGERIMENTO	
ALTRO	

A
B
C
D
E
F
G
H
I
J
K
L
M
N
O
P
Q
R
S
T
U
V
W
X
Y
Z

SITO WEB	
NOME UTENTE	
PASSWORD	
PIN/SUGGERIMENTO	
ALTRO	

SITO WEB	
NOME UTENTE	
PASSWORD	
PIN/SUGGERIMENTO	
ALTRO	

SITO WEB	
NOME UTENTE	
PASSWORD	
PIN/SUGGERIMENTO	
ALTRO	

SITO WEB	
NOME UTENTE	
PASSWORD	
PIN/SUGGERIMENTO	
ALTRO	

SITO WEB	
NOME UTENTE	
PASSWORD	
PIN/SUGGERIMENTO	
ALTRO	

SITO WEB	
NOME UTENTE	
PASSWORD	
PIN/SUGGERIMENTO	
ALTRO	

SITO WEB	
NOME UTENTE	
PASSWORD	
PIN/SUGGERIMENTO	
ALTRO	

SITO WEB	
NOME UTENTE	
PASSWORD	
PIN/SUGGERIMENTO	
ALTRO	

A B C D E F G H I J K L M N O P Q R S T U V W X Y Z

SITO WEB	
NOME UTENTE	
PASSWORD	
PIN/SUGGERIMENTO	
ALTRO	

SITO WEB	
NOME UTENTE	
PASSWORD	
PIN/SUGGERIMENTO	
ALTRO	

SITO WEB	
NOME UTENTE	
PASSWORD	
PIN/SUGGERIMENTO	
ALTRO	

SITO WEB	
NOME UTENTE	
PASSWORD	
PIN/SUGGERIMENTO	
ALTRO	

SITO WEB	
NOME UTENTE	
PASSWORD	
PIN/SUGGERIMENTO	
ALTRO	

SITO WEB	
NOME UTENTE	
PASSWORD	
PIN/SUGGERIMENTO	
ALTRO	

SITO WEB	
NOME UTENTE	
PASSWORD	
PIN/SUGGERIMENTO	
ALTRO	

SITO WEB	
NOME UTENTE	
PASSWORD	
PIN/SUGGERIMENTO	
ALTRO	

A
B
C
D
E
F
G
H
I
J
K
L
M
N
O
P
Q
R
S
T
U
V
W
X
Y
Z

SITO WEB	
NOME UTENTE	
PASSWORD	
PIN/SUGGERIMENTO	
ALTRO	

SITO WEB	
NOME UTENTE	
PASSWORD	
PIN/SUGGERIMENTO	
ALTRO	

SITO WEB	
NOME UTENTE	
PASSWORD	
PIN/SUGGERIMENTO	
ALTRO	

SITO WEB	
NOME UTENTE	
PASSWORD	
PIN/SUGGERIMENTO	
ALTRO	

SITO WEB	
NOME UTENTE	
PASSWORD	
PIN/SUGGERIMENTO	
ALTRO	

SITO WEB	
NOME UTENTE	
PASSWORD	
PIN/SUGGERIMENTO	
ALTRO	

SITO WEB	
NOME UTENTE	
PASSWORD	
PIN/SUGGERIMENTO	
ALTRO	

SITO WEB	
NOME UTENTE	
PASSWORD	
PIN/SUGGERIMENTO	
ALTRO	

A
B
C
D
E
F
G
H
I
J
K
L
M
N
O
P
Q
R
S
T
U
V
W
X
Y
Z

SITO WEB	
NOME UTENTE	
PASSWORD	
PIN/SUGGERIMENTO	
ALTRO	

SITO WEB	
NOME UTENTE	
PASSWORD	
PIN/SUGGERIMENTO	
ALTRO	

SITO WEB	
NOME UTENTE	
PASSWORD	
PIN/SUGGERIMENTO	
ALTRO	

SITO WEB	
NOME UTENTE	
PASSWORD	
PIN/SUGGERIMENTO	
ALTRO	

SITO WEB	
NOME UTENTE	
PASSWORD	
PIN/SUGGERIMENTO	
ALTRO	

SITO WEB	
NOME UTENTE	
PASSWORD	
PIN/SUGGERIMENTO	
ALTRO	

SITO WEB	
NOME UTENTE	
PASSWORD	
PIN/SUGGERIMENTO	
ALTRO	

SITO WEB	
NOME UTENTE	
PASSWORD	
PIN/SUGGERIMENTO	
ALTRO	

A
B
C
D
E
F
G
H
I
J
K
L
M
N
O
P
Q
R
S
T
U
V
W
X
Y
Z

SITO WEB	
NOME UTENTE	
PASSWORD	
PIN/SUGGERIMENTO	
ALTRO	

SITO WEB	
NOME UTENTE	
PASSWORD	
PIN/SUGGERIMENTO	
ALTRO	

SITO WEB	
NOME UTENTE	
PASSWORD	
PIN/SUGGERIMENTO	
ALTRO	

SITO WEB	
NOME UTENTE	
PASSWORD	
PIN/SUGGERIMENTO	
ALTRO	

SITO WEB	
NOME UTENTE	
PASSWORD	
PIN/SUGGERIMENTO	
ALTRO	

SITO WEB	
NOME UTENTE	
PASSWORD	
PIN/SUGGERIMENTO	
ALTRO	

SITO WEB	
NOME UTENTE	
PASSWORD	
PIN/SUGGERIMENTO	
ALTRO	

SITO WEB	
NOME UTENTE	
PASSWORD	
PIN/SUGGERIMENTO	
ALTRO	

A B C D E F G **H** I J K L M N O P Q R S T U V W X Y Z

SITO WEB	
NOME UTENTE	
PASSWORD	
PIN/SUGGERIMENTO	
ALTRO	

SITO WEB	
NOME UTENTE	
PASSWORD	
PIN/SUGGERIMENTO	
ALTRO	

SITO WEB	
NOME UTENTE	
PASSWORD	
PIN/SUGGERIMENTO	
ALTRO	

SITO WEB	
NOME UTENTE	
PASSWORD	
PIN/SUGGERIMENTO	
ALTRO	

SITO WEB	
NOME UTENTE	
PASSWORD	
PIN/SUGGERIMENTO	
ALTRO	

SITO WEB	
NOME UTENTE	
PASSWORD	
PIN/SUGGERIMENTO	
ALTRO	

SITO WEB	
NOME UTENTE	
PASSWORD	
PIN/SUGGERIMENTO	
ALTRO	

SITO WEB	
NOME UTENTE	
PASSWORD	
PIN/SUGGERIMENTO	
ALTRO	

A
B
C
D
E
F
G
H
I
J
K
L
M
N
O
P
Q
R
S
T
U
V
W
X
Y
Z

SITO WEB	
NOME UTENTE	
PASSWORD	
PIN/SUGGERIMENTO	
ALTRO	

SITO WEB	
NOME UTENTE	
PASSWORD	
PIN/SUGGERIMENTO	
ALTRO	

SITO WEB	
NOME UTENTE	
PASSWORD	
PIN/SUGGERIMENTO	
ALTRO	

SITO WEB	
NOME UTENTE	
PASSWORD	
PIN/SUGGERIMENTO	
ALTRO	

SITO WEB	
NOME UTENTE	
PASSWORD	
PIN/SUGGERIMENTO	
ALTRO	

SITO WEB	
NOME UTENTE	
PASSWORD	
PIN/SUGGERIMENTO	
ALTRO	

SITO WEB	
NOME UTENTE	
PASSWORD	
PIN/SUGGERIMENTO	
ALTRO	

SITO WEB	
NOME UTENTE	
PASSWORD	
PIN/SUGGERIMENTO	
ALTRO	

A
B
C
D
E
F
G
H
I
J
K
L
M
N
O
P
Q
R
S
T
U
V
W
X
Y
Z

SITO WEB	
NOME UTENTE	
PASSWORD	
PIN/SUGGERIMENTO	
ALTRO	

SITO WEB	
NOME UTENTE	
PASSWORD	
PIN/SUGGERIMENTO	
ALTRO	

SITO WEB	
NOME UTENTE	
PASSWORD	
PIN/SUGGERIMENTO	
ALTRO	

SITO WEB	
NOME UTENTE	
PASSWORD	
PIN/SUGGERIMENTO	
ALTRO	

SITO WEB	
NOME UTENTE	
PASSWORD	
PIN/SUGGERIMENTO	
ALTRO	

SITO WEB	
NOME UTENTE	
PASSWORD	
PIN/SUGGERIMENTO	
ALTRO	

SITO WEB	
NOME UTENTE	
PASSWORD	
PIN/SUGGERIMENTO	
ALTRO	

SITO WEB	
NOME UTENTE	
PASSWORD	
PIN/SUGGERIMENTO	
ALTRO	

A B C D E F G H **I** J K L M N O P Q R S T U V W X Y Z

SITO WEB	
NOME UTENTE	
PASSWORD	
PIN/SUGGERIMENTO	
ALTRO	

SITO WEB	
NOME UTENTE	
PASSWORD	
PIN/SUGGERIMENTO	
ALTRO	

SITO WEB	
NOME UTENTE	
PASSWORD	
PIN/SUGGERIMENTO	
ALTRO	

SITO WEB	
NOME UTENTE	
PASSWORD	
PIN/SUGGERIMENTO	
ALTRO	

SITO WEB	
NOME UTENTE	
PASSWORD	
PIN/SUGGERIMENTO	
ALTRO	

SITO WEB	
NOME UTENTE	
PASSWORD	
PIN/SUGGERIMENTO	
ALTRO	

SITO WEB	
NOME UTENTE	
PASSWORD	
PIN/SUGGERIMENTO	
ALTRO	

SITO WEB	
NOME UTENTE	
PASSWORD	
PIN/SUGGERIMENTO	
ALTRO	

A
B
C
D
E
F
G
H
I
J
K
L
M
N
O
P
Q
R
S
T
U
V
W
X
Y
Z

SITO WEB	
NOME UTENTE	
PASSWORD	
PIN/SUGGERIMENTO	
ALTRO	

SITO WEB	
NOME UTENTE	
PASSWORD	
PIN/SUGGERIMENTO	
ALTRO	

SITO WEB	
NOME UTENTE	
PASSWORD	
PIN/SUGGERIMENTO	
ALTRO	

SITO WEB	
NOME UTENTE	
PASSWORD	
PIN/SUGGERIMENTO	
ALTRO	

SITO WEB	
NOME UTENTE	
PASSWORD	
PIN/SUGGERIMENTO	
ALTRO	

SITO WEB	
NOME UTENTE	
PASSWORD	
PIN/SUGGERIMENTO	
ALTRO	

SITO WEB	
NOME UTENTE	
PASSWORD	
PIN/SUGGERIMENTO	
ALTRO	

SITO WEB	
NOME UTENTE	
PASSWORD	
PIN/SUGGERIMENTO	
ALTRO	

A
B
C
D
E
F
G
H
I
J
K
L
M
N
O
P
Q
R
S
T
U
V
W
X
Y
Z

SITO WEB	
NOME UTENTE	
PASSWORD	
PIN/SUGGERIMENTO	
ALTRO	

SITO WEB	
NOME UTENTE	
PASSWORD	
PIN/SUGGERIMENTO	
ALTRO	

SITO WEB	
NOME UTENTE	
PASSWORD	
PIN/SUGGERIMENTO	
ALTRO	

SITO WEB	
NOME UTENTE	
PASSWORD	
PIN/SUGGERIMENTO	
ALTRO	

SITO WEB	
NOME UTENTE	
PASSWORD	
PIN/SUGGERIMENTO	
ALTRO	

SITO WEB	
NOME UTENTE	
PASSWORD	
PIN/SUGGERIMENTO	
ALTRO	

SITO WEB	
NOME UTENTE	
PASSWORD	
PIN/SUGGERIMENTO	
ALTRO	

SITO WEB	
NOME UTENTE	
PASSWORD	
PIN/SUGGERIMENTO	
ALTRO	

A B C D E F G H I J **K** L M N O P Q R S T U V W X Y Z

SITO WEB	
NOME UTENTE	
PASSWORD	
PIN/SUGGERIMENTO	
ALTRO	

SITO WEB	
NOME UTENTE	
PASSWORD	
PIN/SUGGERIMENTO	
ALTRO	

SITO WEB	
NOME UTENTE	
PASSWORD	
PIN/SUGGERIMENTO	
ALTRO	

SITO WEB	
NOME UTENTE	
PASSWORD	
PIN/SUGGERIMENTO	
ALTRO	

SITO WEB	
NOME UTENTE	
PASSWORD	
PIN/SUGGERIMENTO	
ALTRO	

SITO WEB	
NOME UTENTE	
PASSWORD	
PIN/SUGGERIMENTO	
ALTRO	

SITO WEB	
NOME UTENTE	
PASSWORD	
PIN/SUGGERIMENTO	
ALTRO	

SITO WEB	
NOME UTENTE	
PASSWORD	
PIN/SUGGERIMENTO	
ALTRO	

A B C D E F G H I J **K** L M N O P Q R S T U V W X Y Z

SITO WEB	
NOME UTENTE	
PASSWORD	
PIN/SUGGERIMENTO	
ALTRO	

SITO WEB	
NOME UTENTE	
PASSWORD	
PIN/SUGGERIMENTO	
ALTRO	

SITO WEB	
NOME UTENTE	
PASSWORD	
PIN/SUGGERIMENTO	
ALTRO	

SITO WEB	
NOME UTENTE	
PASSWORD	
PIN/SUGGERIMENTO	
ALTRO	

SITO WEB	
NOME UTENTE	
PASSWORD	
PIN/SUGGERIMENTO	
ALTRO	

SITO WEB	
NOME UTENTE	
PASSWORD	
PIN/SUGGERIMENTO	
ALTRO	

SITO WEB	
NOME UTENTE	
PASSWORD	
PIN/SUGGERIMENTO	
ALTRO	

SITO WEB	
NOME UTENTE	
PASSWORD	
PIN/SUGGERIMENTO	
ALTRO	

A
B
C
D
E
F
G
H
I
J
K
L
M
N
O
P
Q
R
S
T
U
V
W
X
Y
Z

SITO WEB	
NOME UTENTE	
PASSWORD	
PIN/SUGGERIMENTO	
ALTRO	

SITO WEB	
NOME UTENTE	
PASSWORD	
PIN/SUGGERIMENTO	
ALTRO	

SITO WEB	
NOME UTENTE	
PASSWORD	
PIN/SUGGERIMENTO	
ALTRO	

SITO WEB	
NOME UTENTE	
PASSWORD	
PIN/SUGGERIMENTO	
ALTRO	

SITO WEB	
NOME UTENTE	
PASSWORD	
PIN/SUGGERIMENTO	
ALTRO	

SITO WEB	
NOME UTENTE	
PASSWORD	
PIN/SUGGERIMENTO	
ALTRO	

SITO WEB	
NOME UTENTE	
PASSWORD	
PIN/SUGGERIMENTO	
ALTRO	

SITO WEB	
NOME UTENTE	
PASSWORD	
PIN/SUGGERIMENTO	
ALTRO	

A B C D E F G H I J K **L** M N O P Q R S T U V W X Y Z

SITO WEB	
NOME UTENTE	
PASSWORD	
PIN/SUGGERIMENTO	
ALTRO	

SITO WEB	
NOME UTENTE	
PASSWORD	
PIN/SUGGERIMENTO	
ALTRO	

SITO WEB	
NOME UTENTE	
PASSWORD	
PIN/SUGGERIMENTO	
ALTRO	

SITO WEB	
NOME UTENTE	
PASSWORD	
PIN/SUGGERIMENTO	
ALTRO	

SITO WEB	
NOME UTENTE	
PASSWORD	
PIN/SUGGERIMENTO	
ALTRO	

SITO WEB	
NOME UTENTE	
PASSWORD	
PIN/SUGGERIMENTO	
ALTRO	

SITO WEB	
NOME UTENTE	
PASSWORD	
PIN/SUGGERIMENTO	
ALTRO	

SITO WEB	
NOME UTENTE	
PASSWORD	
PIN/SUGGERIMENTO	
ALTRO	

A
B
C
D
E
F
G
H
I
J
K
L
M
N
O
P
Q
R
S
T
U
V
W
X
Y
Z

SITO WEB	
NOME UTENTE	
PASSWORD	
PIN/SUGGERIMENTO	
ALTRO	

SITO WEB	
NOME UTENTE	
PASSWORD	
PIN/SUGGERIMENTO	
ALTRO	

SITO WEB	
NOME UTENTE	
PASSWORD	
PIN/SUGGERIMENTO	
ALTRO	

SITO WEB	
NOME UTENTE	
PASSWORD	
PIN/SUGGERIMENTO	
ALTRO	

SITO WEB	
NOME UTENTE	
PASSWORD	
PIN/SUGGERIMENTO	
ALTRO	

SITO WEB	
NOME UTENTE	
PASSWORD	
PIN/SUGGERIMENTO	
ALTRO	

SITO WEB	
NOME UTENTE	
PASSWORD	
PIN/SUGGERIMENTO	
ALTRO	

SITO WEB	
NOME UTENTE	
PASSWORD	
PIN/SUGGERIMENTO	
ALTRO	

A
B
C
D
E
F
G
H
I
J
K
L
M
N
O
P
Q
R
S
T
U
V
W
X
Y
Z

SITO WEB	
NOME UTENTE	
PASSWORD	
PIN/SUGGERIMENTO	
ALTRO	

SITO WEB	
NOME UTENTE	
PASSWORD	
PIN/SUGGERIMENTO	
ALTRO	

SITO WEB	
NOME UTENTE	
PASSWORD	
PIN/SUGGERIMENTO	
ALTRO	

SITO WEB	
NOME UTENTE	
PASSWORD	
PIN/SUGGERIMENTO	
ALTRO	

SITO WEB	
NOME UTENTE	
PASSWORD	
PIN/SUGGERIMENTO	
ALTRO	

SITO WEB	
NOME UTENTE	
PASSWORD	
PIN/SUGGERIMENTO	
ALTRO	

SITO WEB	
NOME UTENTE	
PASSWORD	
PIN/SUGGERIMENTO	
ALTRO	

SITO WEB	
NOME UTENTE	
PASSWORD	
PIN/SUGGERIMENTO	
ALTRO	

A
B
C
D
E
F
G
H
I
J
K
L
M
N
O
P
Q
R
S
T
U
V
W
X
Y
Z

SITO WEB	
NOME UTENTE	
PASSWORD	
PIN/SUGGERIMENTO	
ALTRO	

SITO WEB	
NOME UTENTE	
PASSWORD	
PIN/SUGGERIMENTO	
ALTRO	

SITO WEB	
NOME UTENTE	
PASSWORD	
PIN/SUGGERIMENTO	
ALTRO	

SITO WEB	
NOME UTENTE	
PASSWORD	
PIN/SUGGERIMENTO	
ALTRO	

SITO WEB	
NOME UTENTE	
PASSWORD	
PIN/SUGGERIMENTO	
ALTRO	

SITO WEB	
NOME UTENTE	
PASSWORD	
PIN/SUGGERIMENTO	
ALTRO	

SITO WEB	
NOME UTENTE	
PASSWORD	
PIN/SUGGERIMENTO	
ALTRO	

SITO WEB	
NOME UTENTE	
PASSWORD	
PIN/SUGGERIMENTO	
ALTRO	

A
B
C
D
E
F
G
H
I
J
K
L
M
N
O
P
Q
R
S
T
U
V
W
X
Y
Z

SITO WEB	
NOME UTENTE	
PASSWORD	
PIN/SUGGERIMENTO	
ALTRO	

SITO WEB	
NOME UTENTE	
PASSWORD	
PIN/SUGGERIMENTO	
ALTRO	

SITO WEB	
NOME UTENTE	
PASSWORD	
PIN/SUGGERIMENTO	
ALTRO	

SITO WEB	
NOME UTENTE	
PASSWORD	
PIN/SUGGERIMENTO	
ALTRO	

SITO WEB	
NOME UTENTE	
PASSWORD	
PIN/SUGGERIMENTO	
ALTRO	

SITO WEB	
NOME UTENTE	
PASSWORD	
PIN/SUGGERIMENTO	
ALTRO	

SITO WEB	
NOME UTENTE	
PASSWORD	
PIN/SUGGERIMENTO	
ALTRO	

SITO WEB	
NOME UTENTE	
PASSWORD	
PIN/SUGGERIMENTO	
ALTRO	

A
B
C
D
E
F
G
H
I
J
K
L
M
N
O
P
Q
R
S
T
U
V
W
X
Y
Z

SITO WEB	
NOME UTENTE	
PASSWORD	
PIN/SUGGERIMENTO	
ALTRO	

SITO WEB	
NOME UTENTE	
PASSWORD	
PIN/SUGGERIMENTO	
ALTRO	

SITO WEB	
NOME UTENTE	
PASSWORD	
PIN/SUGGERIMENTO	
ALTRO	

SITO WEB	
NOME UTENTE	
PASSWORD	
PIN/SUGGERIMENTO	
ALTRO	

SITO WEB	
NOME UTENTE	
PASSWORD	
PIN/SUGGERIMENTO	
ALTRO	

SITO WEB	
NOME UTENTE	
PASSWORD	
PIN/SUGGERIMENTO	
ALTRO	

SITO WEB	
NOME UTENTE	
PASSWORD	
PIN/SUGGERIMENTO	
ALTRO	

SITO WEB	
NOME UTENTE	
PASSWORD	
PIN/SUGGERIMENTO	
ALTRO	

A B C D E F G H I J K L M N **O** P Q R S T U V W X Y Z

SITO WEB	
NOME UTENTE	
PASSWORD	
PIN/SUGGERIMENTO	
ALTRO	

SITO WEB	
NOME UTENTE	
PASSWORD	
PIN/SUGGERIMENTO	
ALTRO	

SITO WEB	
NOME UTENTE	
PASSWORD	
PIN/SUGGERIMENTO	
ALTRO	

SITO WEB	
NOME UTENTE	
PASSWORD	
PIN/SUGGERIMENTO	
ALTRO	

SITO WEB	
NOME UTENTE	
PASSWORD	
PIN/SUGGERIMENTO	
ALTRO	

SITO WEB	
NOME UTENTE	
PASSWORD	
PIN/SUGGERIMENTO	
ALTRO	

SITO WEB	
NOME UTENTE	
PASSWORD	
PIN/SUGGERIMENTO	
ALTRO	

SITO WEB	
NOME UTENTE	
PASSWORD	
PIN/SUGGERIMENTO	
ALTRO	

A B C D E F G H I J K L M N O **P** Q R S T U V W X Y Z

SITO WEB	
NOME UTENTE	
PASSWORD	
PIN/SUGGERIMENTO	
ALTRO	

SITO WEB	
NOME UTENTE	
PASSWORD	
PIN/SUGGERIMENTO	
ALTRO	

SITO WEB	
NOME UTENTE	
PASSWORD	
PIN/SUGGERIMENTO	
ALTRO	

SITO WEB	
NOME UTENTE	
PASSWORD	
PIN/SUGGERIMENTO	
ALTRO	

SITO WEB	
NOME UTENTE	
PASSWORD	
PIN/SUGGERIMENTO	
ALTRO	

SITO WEB	
NOME UTENTE	
PASSWORD	
PIN/SUGGERIMENTO	
ALTRO	

SITO WEB	
NOME UTENTE	
PASSWORD	
PIN/SUGGERIMENTO	
ALTRO	

SITO WEB	
NOME UTENTE	
PASSWORD	
PIN/SUGGERIMENTO	
ALTRO	

A B C D E F G H I J K L M N O P Q R S T U V W X Y Z

A B C D E F G H I J K L M N O **P** Q R S T U V W X Y Z

SITO WEB	
NOME UTENTE	
PASSWORD	
PIN/SUGGERIMENTO	
ALTRO	

SITO WEB	
NOME UTENTE	
PASSWORD	
PIN/SUGGERIMENTO	
ALTRO	

SITO WEB	
NOME UTENTE	
PASSWORD	
PIN/SUGGERIMENTO	
ALTRO	

SITO WEB	
NOME UTENTE	
PASSWORD	
PIN/SUGGERIMENTO	
ALTRO	

SITO WEB	
NOME UTENTE	
PASSWORD	
PIN/SUGGERIMENTO	
ALTRO	

SITO WEB	
NOME UTENTE	
PASSWORD	
PIN/SUGGERIMENTO	
ALTRO	

SITO WEB	
NOME UTENTE	
PASSWORD	
PIN/SUGGERIMENTO	
ALTRO	

SITO WEB	
NOME UTENTE	
PASSWORD	
PIN/SUGGERIMENTO	
ALTRO	

A B C D E F G H I J K L M N O P Q R S T U V W X Y Z

A B C D E F G H I J K L M N O P **Q** R S T U V W X Y Z

SITO WEB	
NOME UTENTE	
PASSWORD	
PIN/SUGGERIMENTO	
ALTRO	

SITO WEB	
NOME UTENTE	
PASSWORD	
PIN/SUGGERIMENTO	
ALTRO	

SITO WEB	
NOME UTENTE	
PASSWORD	
PIN/SUGGERIMENTO	
ALTRO	

SITO WEB	
NOME UTENTE	
PASSWORD	
PIN/SUGGERIMENTO	
ALTRO	

SITO WEB	
NOME UTENTE	
PASSWORD	
PIN/SUGGERIMENTO	
ALTRO	

SITO WEB	
NOME UTENTE	
PASSWORD	
PIN/SUGGERIMENTO	
ALTRO	

SITO WEB	
NOME UTENTE	
PASSWORD	
PIN/SUGGERIMENTO	
ALTRO	

SITO WEB	
NOME UTENTE	
PASSWORD	
PIN/SUGGERIMENTO	
ALTRO	

A B C D E F G H I J K L M N O P **Q** R S T U V W X Y Z

SITO WEB	
NOME UTENTE	
PASSWORD	
PIN/SUGGERIMENTO	
ALTRO	

SITO WEB	
NOME UTENTE	
PASSWORD	
PIN/SUGGERIMENTO	
ALTRO	

SITO WEB	
NOME UTENTE	
PASSWORD	
PIN/SUGGERIMENTO	
ALTRO	

SITO WEB	
NOME UTENTE	
PASSWORD	
PIN/SUGGERIMENTO	
ALTRO	

SITO WEB	
NOME UTENTE	
PASSWORD	
PIN/SUGGERIMENTO	
ALTRO	

SITO WEB	
NOME UTENTE	
PASSWORD	
PIN/SUGGERIMENTO	
ALTRO	

SITO WEB	
NOME UTENTE	
PASSWORD	
PIN/SUGGERIMENTO	
ALTRO	

SITO WEB	
NOME UTENTE	
PASSWORD	
PIN/SUGGERIMENTO	
ALTRO	

A
B
C
D
E
F
G
H
I
J
K
L
M
N
O
P
Q
R
S
T
U
V
W
X
Y
Z

SITO WEB

NOME UTENTE

PASSWORD

PIN/SUGGERIMENTO

ALTRO

SITO WEB

NOME UTENTE

PASSWORD

PIN/SUGGERIMENTO

ALTRO

SITO WEB

NOME UTENTE

PASSWORD

PIN/SUGGERIMENTO

ALTRO

SITO WEB

NOME UTENTE

PASSWORD

PIN/SUGGERIMENTO

ALTRO

SITO WEB	
NOME UTENTE	
PASSWORD	
PIN/SUGGERIMENTO	
ALTRO	

SITO WEB	
NOME UTENTE	
PASSWORD	
PIN/SUGGERIMENTO	
ALTRO	

SITO WEB	
NOME UTENTE	
PASSWORD	
PIN/SUGGERIMENTO	
ALTRO	

SITO WEB	
NOME UTENTE	
PASSWORD	
PIN/SUGGERIMENTO	
ALTRO	

A
B
C
D
E
F
G
H
I
J
K
L
M
N
O
P
Q
R
S
T
U
V
W
X
Y
Z

SITO WEB	
NOME UTENTE	
PASSWORD	
PIN/SUGGERIMENTO	
ALTRO	

SITO WEB	
NOME UTENTE	
PASSWORD	
PIN/SUGGERIMENTO	
ALTRO	

SITO WEB	
NOME UTENTE	
PASSWORD	
PIN/SUGGERIMENTO	
ALTRO	

SITO WEB	
NOME UTENTE	
PASSWORD	
PIN/SUGGERIMENTO	
ALTRO	

SITO WEB	
NOME UTENTE	
PASSWORD	
PIN/SUGGERIMENTO	
ALTRO	

SITO WEB	
NOME UTENTE	
PASSWORD	
PIN/SUGGERIMENTO	
ALTRO	

SITO WEB	
NOME UTENTE	
PASSWORD	
PIN/SUGGERIMENTO	
ALTRO	

SITO WEB	
NOME UTENTE	
PASSWORD	
PIN/SUGGERIMENTO	
ALTRO	

SITO WEB

NOME UTENTE

PASSWORD

PIN/SUGGERIMENTO

ALTRO

SITO WEB

NOME UTENTE

PASSWORD

PIN/SUGGERIMENTO

ALTRO

SITO WEB

NOME UTENTE

PASSWORD

PIN/SUGGERIMENTO

ALTRO

SITO WEB

NOME UTENTE

PASSWORD

PIN/SUGGERIMENTO

ALTRO

SITO WEB	
NOME UTENTE	
PASSWORD	
PIN/SUGGERIMENTO	
ALTRO	

SITO WEB	
NOME UTENTE	
PASSWORD	
PIN/SUGGERIMENTO	
ALTRO	

SITO WEB	
NOME UTENTE	
PASSWORD	
PIN/SUGGERIMENTO	
ALTRO	

SITO WEB	
NOME UTENTE	
PASSWORD	
PIN/SUGGERIMENTO	
ALTRO	

A
B
C
D
E
F
G
H
I
J
K
L
M
N
O
P
Q
R
S
T
U
V
W
X
Y
Z

SITO WEB	
NOME UTENTE	
PASSWORD	
PIN/SUGGERIMENTO	
ALTRO	

SITO WEB	
NOME UTENTE	
PASSWORD	
PIN/SUGGERIMENTO	
ALTRO	

SITO WEB	
NOME UTENTE	
PASSWORD	
PIN/SUGGERIMENTO	
ALTRO	

SITO WEB	
NOME UTENTE	
PASSWORD	
PIN/SUGGERIMENTO	
ALTRO	

SITO WEB	
NOME UTENTE	
PASSWORD	
PIN/SUGGERIMENTO	
ALTRO	

SITO WEB	
NOME UTENTE	
PASSWORD	
PIN/SUGGERIMENTO	
ALTRO	

SITO WEB	
NOME UTENTE	
PASSWORD	
PIN/SUGGERIMENTO	
ALTRO	

SITO WEB	
NOME UTENTE	
PASSWORD	
PIN/SUGGERIMENTO	
ALTRO	

SITO WEB	
NOME UTENTE	
PASSWORD	
PIN/SUGGERIMENTO	
ALTRO	

SITO WEB	
NOME UTENTE	
PASSWORD	
PIN/SUGGERIMENTO	
ALTRO	

SITO WEB	
NOME UTENTE	
PASSWORD	
PIN/SUGGERIMENTO	
ALTRO	

SITO WEB	
NOME UTENTE	
PASSWORD	
PIN/SUGGERIMENTO	
ALTRO	

SITO WEB	
NOME UTENTE	
PASSWORD	
PIN/SUGGERIMENTO	
ALTRO	

SITO WEB	
NOME UTENTE	
PASSWORD	
PIN/SUGGERIMENTO	
ALTRO	

SITO WEB	
NOME UTENTE	
PASSWORD	
PIN/SUGGERIMENTO	
ALTRO	

SITO WEB	
NOME UTENTE	
PASSWORD	
PIN/SUGGERIMENTO	
ALTRO	

A
B
C
D
E
F
G
H
I
J
K
L
M
N
O
P
Q
R
S
T
U
V
W
X
Y
Z

SITO WEB	
NOME UTENTE	
PASSWORD	
PIN/SUGGERIMENTO	
ALTRO	

SITO WEB	
NOME UTENTE	
PASSWORD	
PIN/SUGGERIMENTO	
ALTRO	

SITO WEB	
NOME UTENTE	
PASSWORD	
PIN/SUGGERIMENTO	
ALTRO	

SITO WEB	
NOME UTENTE	
PASSWORD	
PIN/SUGGERIMENTO	
ALTRO	

SITO WEB	
NOME UTENTE	
PASSWORD	
PIN/SUGGERIMENTO	
ALTRO	

SITO WEB	
NOME UTENTE	
PASSWORD	
PIN/SUGGERIMENTO	
ALTRO	

SITO WEB	
NOME UTENTE	
PASSWORD	
PIN/SUGGERIMENTO	
ALTRO	

SITO WEB	
NOME UTENTE	
PASSWORD	
PIN/SUGGERIMENTO	
ALTRO	

A B C D E F G H I J K L M N O P Q R S T **U** V W X Y Z

SITO WEB	
NOME UTENTE	
PASSWORD	
PIN/SUGGERIMENTO	
ALTRO	

SITO WEB	
NOME UTENTE	
PASSWORD	
PIN/SUGGERIMENTO	
ALTRO	

SITO WEB	
NOME UTENTE	
PASSWORD	
PIN/SUGGERIMENTO	
ALTRO	

SITO WEB	
NOME UTENTE	
PASSWORD	
PIN/SUGGERIMENTO	
ALTRO	

SITO WEB	
NOME UTENTE	
PASSWORD	
PIN/SUGGERIMENTO	
ALTRO	

SITO WEB	
NOME UTENTE	
PASSWORD	
PIN/SUGGERIMENTO	
ALTRO	

SITO WEB	
NOME UTENTE	
PASSWORD	
PIN/SUGGERIMENTO	
ALTRO	

SITO WEB	
NOME UTENTE	
PASSWORD	
PIN/SUGGERIMENTO	
ALTRO	

A B C D E F G H I J K L M N O P Q R S T **U** V W X Y Z

SITO WEB	
NOME UTENTE	
PASSWORD	
PIN/SUGGERIMENTO	
ALTRO	

SITO WEB	
NOME UTENTE	
PASSWORD	
PIN/SUGGERIMENTO	
ALTRO	

SITO WEB	
NOME UTENTE	
PASSWORD	
PIN/SUGGERIMENTO	
ALTRO	

SITO WEB	
NOME UTENTE	
PASSWORD	
PIN/SUGGERIMENTO	
ALTRO	

SITO WEB	
NOME UTENTE	
PASSWORD	
PIN/SUGGERIMENTO	
ALTRO	

SITO WEB	
NOME UTENTE	
PASSWORD	
PIN/SUGGERIMENTO	
ALTRO	

SITO WEB	
NOME UTENTE	
PASSWORD	
PIN/SUGGERIMENTO	
ALTRO	

SITO WEB	
NOME UTENTE	
PASSWORD	
PIN/SUGGERIMENTO	
ALTRO	

A
B
C
D
E
F
G
H
I
J
K
L
M
N
O
P
Q
R
S
T
U
V
W
X
Y
Z

SITO WEB	
NOME UTENTE	
PASSWORD	
PIN/SUGGERIMENTO	
ALTRO	

SITO WEB	
NOME UTENTE	
PASSWORD	
PIN/SUGGERIMENTO	
ALTRO	

SITO WEB	
NOME UTENTE	
PASSWORD	
PIN/SUGGERIMENTO	
ALTRO	

SITO WEB	
NOME UTENTE	
PASSWORD	
PIN/SUGGERIMENTO	
ALTRO	

SITO WEB	
NOME UTENTE	
PASSWORD	
PIN/SUGGERIMENTO	
ALTRO	

SITO WEB	
NOME UTENTE	
PASSWORD	
PIN/SUGGERIMENTO	
ALTRO	

SITO WEB	
NOME UTENTE	
PASSWORD	
PIN/SUGGERIMENTO	
ALTRO	

SITO WEB	
NOME UTENTE	
PASSWORD	
PIN/SUGGERIMENTO	
ALTRO	

A
B
C
D
E
F
G
H
I
J
K
L
M
N
O
P
Q
R
S
T
U
V
W
X
Y
Z

SITO WEB	
NOME UTENTE	
PASSWORD	
PIN/SUGGERIMENTO	
ALTRO	

SITO WEB	
NOME UTENTE	
PASSWORD	
PIN/SUGGERIMENTO	
ALTRO	

SITO WEB	
NOME UTENTE	
PASSWORD	
PIN/SUGGERIMENTO	
ALTRO	

SITO WEB	
NOME UTENTE	
PASSWORD	
PIN/SUGGERIMENTO	
ALTRO	

SITO WEB	
NOME UTENTE	
PASSWORD	
PIN/SUGGERIMENTO	
ALTRO	

SITO WEB	
NOME UTENTE	
PASSWORD	
PIN/SUGGERIMENTO	
ALTRO	

SITO WEB	
NOME UTENTE	
PASSWORD	
PIN/SUGGERIMENTO	
ALTRO	

SITO WEB	
NOME UTENTE	
PASSWORD	
PIN/SUGGERIMENTO	
ALTRO	

A
B
C
D
E
F
G
H
I
J
K
L
M
N
O
P
Q
R
S
T
U
V
W
X
Y
Z

SITO WEB	
NOME UTENTE	
PASSWORD	
PIN/SUGGERIMENTO	
ALTRO	

SITO WEB	
NOME UTENTE	
PASSWORD	
PIN/SUGGERIMENTO	
ALTRO	

SITO WEB	
NOME UTENTE	
PASSWORD	
PIN/SUGGERIMENTO	
ALTRO	

SITO WEB	
NOME UTENTE	
PASSWORD	
PIN/SUGGERIMENTO	
ALTRO	

SITO WEB	
NOME UTENTE	
PASSWORD	
PIN/SUGGERIMENTO	
ALTRO	

SITO WEB	
NOME UTENTE	
PASSWORD	
PIN/SUGGERIMENTO	
ALTRO	

SITO WEB	
NOME UTENTE	
PASSWORD	
PIN/SUGGERIMENTO	
ALTRO	

SITO WEB	
NOME UTENTE	
PASSWORD	
PIN/SUGGERIMENTO	
ALTRO	

A
B
C
D
E
F
G
H
I
J
K
L
M
N
O
P
Q
R
S
T
U
V
W
X
Y
Z

SITO WEB	
NOME UTENTE	
PASSWORD	
PIN/SUGGERIMENTO	
ALTRO	

SITO WEB	
NOME UTENTE	
PASSWORD	
PIN/SUGGERIMENTO	
ALTRO	

SITO WEB	
NOME UTENTE	
PASSWORD	
PIN/SUGGERIMENTO	
ALTRO	

SITO WEB	
NOME UTENTE	
PASSWORD	
PIN/SUGGERIMENTO	
ALTRO	

SITO WEB	
NOME UTENTE	
PASSWORD	
PIN/SUGGERIMENTO	
ALTRO	

SITO WEB	
NOME UTENTE	
PASSWORD	
PIN/SUGGERIMENTO	
ALTRO	

SITO WEB	
NOME UTENTE	
PASSWORD	
PIN/SUGGERIMENTO	
ALTRO	

SITO WEB	
NOME UTENTE	
PASSWORD	
PIN/SUGGERIMENTO	
ALTRO	

A
B
C
D
E
F
G
H
I
J
K
L
M
N
O
P
Q
R
S
T
U
V
W
X
Y
Z

SITO WEB	
NOME UTENTE	
PASSWORD	
PIN/SUGGERIMENTO	
ALTRO	

SITO WEB	
NOME UTENTE	
PASSWORD	
PIN/SUGGERIMENTO	
ALTRO	

SITO WEB	
NOME UTENTE	
PASSWORD	
PIN/SUGGERIMENTO	
ALTRO	

SITO WEB	
NOME UTENTE	
PASSWORD	
PIN/SUGGERIMENTO	
ALTRO	

SITO WEB	
NOME UTENTE	
PASSWORD	
PIN/SUGGERIMENTO	
ALTRO	

SITO WEB	
NOME UTENTE	
PASSWORD	
PIN/SUGGERIMENTO	
ALTRO	

SITO WEB	
NOME UTENTE	
PASSWORD	
PIN/SUGGERIMENTO	
ALTRO	

SITO WEB	
NOME UTENTE	
PASSWORD	
PIN/SUGGERIMENTO	
ALTRO	

A
B
C
D
E
F
G
H
I
J
K
L
M
N
O
P
Q
R
S
T
U
V
W
X
Y
Z

SITO WEB	
NOME UTENTE	
PASSWORD	
PIN/SUGGERIMENTO	
ALTRO	

SITO WEB	
NOME UTENTE	
PASSWORD	
PIN/SUGGERIMENTO	
ALTRO	

SITO WEB	
NOME UTENTE	
PASSWORD	
PIN/SUGGERIMENTO	
ALTRO	

SITO WEB	
NOME UTENTE	
PASSWORD	
PIN/SUGGERIMENTO	
ALTRO	

SITO WEB	
NOME UTENTE	
PASSWORD	
PIN/SUGGERIMENTO	
ALTRO	

SITO WEB	
NOME UTENTE	
PASSWORD	
PIN/SUGGERIMENTO	
ALTRO	

SITO WEB	
NOME UTENTE	
PASSWORD	
PIN/SUGGERIMENTO	
ALTRO	

SITO WEB	
NOME UTENTE	
PASSWORD	
PIN/SUGGERIMENTO	
ALTRO	

A
B
C
D
E
F
G
H
I
J
K
L
M
N
O
P
Q
R
S
T
U
V
W
X
Y
Z

SITO WEB	
NOME UTENTE	
PASSWORD	
PIN/SUGGERIMENTO	
ALTRO	

SITO WEB	
NOME UTENTE	
PASSWORD	
PIN/SUGGERIMENTO	
ALTRO	

SITO WEB	
NOME UTENTE	
PASSWORD	
PIN/SUGGERIMENTO	
ALTRO	

SITO WEB	
NOME UTENTE	
PASSWORD	
PIN/SUGGERIMENTO	
ALTRO	

SITO WEB	
NOME UTENTE	
PASSWORD	
PIN/SUGGERIMENTO	
ALTRO	

SITO WEB	
NOME UTENTE	
PASSWORD	
PIN/SUGGERIMENTO	
ALTRO	

SITO WEB	
NOME UTENTE	
PASSWORD	
PIN/SUGGERIMENTO	
ALTRO	

SITO WEB	
NOME UTENTE	
PASSWORD	
PIN/SUGGERIMENTO	
ALTRO	

SITO WEB	
NOME UTENTE	
PASSWORD	
PIN/SUGGERIMENTO	
ALTRO	

SITO WEB	
NOME UTENTE	
PASSWORD	
PIN/SUGGERIMENTO	
ALTRO	

SITO WEB	
NOME UTENTE	
PASSWORD	
PIN/SUGGERIMENTO	
ALTRO	

SITO WEB	
NOME UTENTE	
PASSWORD	
PIN/SUGGERIMENTO	
ALTRO	

SITO WEB	
NOME UTENTE	
PASSWORD	
PIN/SUGGERIMENTO	
ALTRO	

SITO WEB	
NOME UTENTE	
PASSWORD	
PIN/SUGGERIMENTO	
ALTRO	

SITO WEB	
NOME UTENTE	
PASSWORD	
PIN/SUGGERIMENTO	
ALTRO	

SITO WEB	
NOME UTENTE	
PASSWORD	
PIN/SUGGERIMENTO	
ALTRO	

A B C D E F G H I J K L M N O P Q R S T U V W X Y **Z**

SITO WEB	
NOME UTENTE	
PASSWORD	
PIN/SUGGERIMENTO	
ALTRO	

SITO WEB	
NOME UTENTE	
PASSWORD	
PIN/SUGGERIMENTO	
ALTRO	

SITO WEB	
NOME UTENTE	
PASSWORD	
PIN/SUGGERIMENTO	
ALTRO	

SITO WEB	
NOME UTENTE	
PASSWORD	
PIN/SUGGERIMENTO	
ALTRO	

SITO WEB	
NOME UTENTE	
PASSWORD	
PIN/SUGGERIMENTO	
ALTRO	

SITO WEB	
NOME UTENTE	
PASSWORD	
PIN/SUGGERIMENTO	
ALTRO	

SITO WEB	
NOME UTENTE	
PASSWORD	
PIN/SUGGERIMENTO	
ALTRO	

SITO WEB	
NOME UTENTE	
PASSWORD	
PIN/SUGGERIMENTO	
ALTRO	

A
B
C
D
E
F
G
H
I
J
K
L
M
N
O
P
Q
R
S
T
U
V
W
X
Y
Z

SITO WEB

NOME UTENTE

PASSWORD

PIN/SUGGERIMENTO

ALTRO

SITO WEB

NOME UTENTE

PASSWORD

PIN/SUGGERIMENTO

ALTRO

SITO WEB

NOME UTENTE

PASSWORD

PIN/SUGGERIMENTO

ALTRO

SITO WEB

NOME UTENTE

PASSWORD

PIN/SUGGERIMENTO

ALTRO

SITO WEB	
NOME UTENTE	
PASSWORD	
PIN/SUGGERIMENTO	
ALTRO	

SITO WEB	
NOME UTENTE	
PASSWORD	
PIN/SUGGERIMENTO	
ALTRO	

SITO WEB	
NOME UTENTE	
PASSWORD	
PIN/SUGGERIMENTO	
ALTRO	

SITO WEB	
NOME UTENTE	
PASSWORD	
PIN/SUGGERIMENTO	
ALTRO	

APPUNTI

APPUNTI

APPUNTI

Printed by Amazon Italia Logistica S.r.l.
Torrazza Piemonte (TO), Italy

53630505R00063